작가의 말

1980년 5월 광주에는 오월의 주먹밥이 있었다.
광주 시민들은 군부 독재에 저항하며 대한민국의 자유와
민주주의를 지키기 위해 싸우다 죽어 갔다.
고립된 채 삶과 죽음을 넘나드는 엄청난 공포 속에서도 광주 사람들은
정의와 연대의 마음으로 오월의 주먹밥을 만들고 나누었다.

《오월의 주먹밥》은 자신의 목숨을 잃어 가면서도
대한민국의 민주주의를 지키고자 했던 광주 시민들과 오월 어머니들의 이야기이자,
역사 왜곡과 거짓말에 맞서며 진실을 밝히고자 노력했던 사람들의 이야기이다.
수백 개의 밥알을 한 덩이로 뭉치며 민주화된 대한민국을 열망했던
광주 시민들의 마음이 부디 많은 사람들에게 전해지길 바란다.

자유롭고 민주적인 대한민국에 살고 있는 우리 모두는
광주에게 큰 빚을 지고 있다.

정란희

세상을 바꾼 그때 그곳으로 7
1980년 한국, 5·18 민주화 운동

오월의 주먹밥

정란희 글 김주경 그림

한울림어린이

거리를 찢는 총소리가 울렸다.
경이가 집으로 뛰어 들어왔다.
"엄마! 큰일 났어. 군인들이 사람들한테 총을 쏴!"
엄마가 보이지 않았다.
"엄마, 계엄군이래! 군인들이 피투성이가 된 사람들을 트럭에 실어서 막 끌고 가!"

엄마는 동네 아주머니들과 부엌에 있었다.
경이가 발을 동동 구르며 소리쳤다.
"뭐 하고 있어? 군인들이 사람들을 마구 죽인다니까! 도망쳐야 해!"
엄마가 경이를 보며 차분하게 말했다.
"그렇잖아도 일손이 더 필요했는데 잘 왔다."
엄마가 솥뚜껑을 열자 하얀 김이 쏟아져 나왔다.
거리를 꽉 채운 화약 냄새를 지우듯 구수한 밥 냄새가 경이를 감쌌다.
절대 함께 있을 수 없는 어긋난 풍경에 서 있는 것처럼 이상한 느낌이었다.

엄마는 뜨거운 밥을 한가득 퍼서 큰 함지박에 쏟아 부었다.
"찬도 없는 주먹밥뿐이라서 어쩐다냐……."
아랫집 한수네 아주머니가 울컥 콧등을 문지르더니 휘휘 밥을 저었다.
김이 솔솔 나는 흰쌀밥에 참기름, 흰깨, 검은깨, 김이 섞였다.
"우리 새끼들, 밥 먹여야지."
엄마가 짐짓 큰 소리로 한마디 했다.
"그라제. 옳은 일을 하는디 밥도 못 먹어선 안 되제."
옆집 아주머니가 거들었다.

일찍 찾아온 더위에 아주머니들 콧등에 송글송글 땀방울이 맺혔다.
어느새 경이도 아주머니들 틈에 끼어
야무지게 주먹밥을 만들기 시작했다.

어느새 바구니 가득해진 주먹밥을 머리에 이고 손에 들고 품에 안았다.
옆집에서 가져온 손수레에 주먹밥을 담은 함지박을 실었다.
경이도 엄마와 아주머니들과 함께 거리로 나섰다.

거리에는 아직 가시지 않은 매캐한 화약 냄새와
최루탄 냄새가 가득했다.
"계엄령을 해제하라!"
"독재자는 물러가라!"
"민주주의여 만세!"
군인들의 사격에 항의하러 나온 사람들이 거리를 가득 메우고
구호를 외치고 있었다. 엄마와 아주머니들을 따라
경이도 사람들에게 주먹밥을 나누어 주었다.

도청 앞 금남로는 처참하게 부서져 있었다.

군인들에게 쫓기다 벗어진 모자와 가방이 여기저기 나뒹굴었다.

가게 간판과 깨진 유리 조각 위를 뒹구는, 피에 젖은 하얀 운동화 한 짝이 보였다.

경이는 자신의 깨끗한 운동화를 내려다보았다.

"경아! 뭐 하고 있어?"

엄마가 부르는 소리에 경이는 퍼뜩 고개를 들고 엄마를 쫓았다.

병원이었다. 다친 사람들이 넘쳤다.

병원 복도와 입구에도 환자들이 누워 있었다.

부상자들을 치료할 피가 모자라다는 소식에

헌혈하러 온 사람들이 길게 줄을 서 있었다.

거절당할 새라 발뒤꿈치를 세워 키를 높이는 아이와
자신이 건강하다며 짐짓 큰 소리를 치는 할아버지에게
경이는 주먹밥을 건넸다.
그 뒷사람, 그 뒷사람, 또 다음 사람… 경이는 계속 주먹밥을 건넸다.
시내를 오가며 한두 번은 마주쳤을 사람들이었다.
누군가는 꾸벅 인사를 하고, 누군가는 경이 손을 토닥이고,
누군가는 눈인사를 건넸다.
눈빛에 담긴 격려와 말없는 약속에 경이는 왠지 코끝이 찡해 왔다.

지난 가을, 엄마가 말했다.
18년 동안 국민을 억압하던 독재자가 죽었다고.
이제 우리나라도 자유와 민주주의를 가질 수 있을 거라고.
엄마의 눈빛은 희망으로 반짝이고 있었다.

하지만 채 두 달이 지나지 않아 쿠데타가 일어났다. 또 군인이었다.
군인 출신의 독재자가 똑같은 잘못을 반복하려 하자,
국민들은 민주화를 외치며 거리로 나왔다.
군부 독재자는 전국에 계엄령을 내렸고,
3천여 명의 정치인과 학생 대표들을 한밤중에 긴급 체포했다.
집회를 금지하고, 신문과 방송의 자유 언론 활동을 금지하고,
대학에 휴교령을 내렸다.
군부 독재 정권은 대한민국에서 민주주의를 금지시켰다.

1980년 5월 18일 새벽, 광주에 군대가 들어왔다.
공수부대라고 했다. 학교에 가려던 대학생들이
진압봉에 맞아 피투성이가 되었다.
아들네 집에 온 할머니가 계엄군의 발길질에 쓰러졌다.
친구를 만나러 시내에 나온 여학생이 폭력에 저항하다가
총에 맞아 죽었다.
'때리지 마세요, 저는 말을 못해요.'
언어장애를 가진 사람이 수어로 살려 달라고 하자
군인들은 벙어리 흉내를 낸다며 때려 죽였다.

탕!탕!탕! 탕탕탕…!
사람들이 도청 앞에 모여 애국가를 부르던 오후 1시,
군인들이 조준 사격을 했다.
으아아악! 비명을 지르며 흩어지는 사람들에게도 총을 쏘았다.
수많은 사람들이 순식간에 생명을 잃고 거리에 쓰러졌다.
누구의 부모이고,
누구의 동생이고,
누구의 친구인 사람들이 생명을 잃고 거리에 누웠다.

그날부터 경이네 집은 아침 일찍부터 주먹밥을 만드는 곳이 되었다.
쌀이 떨어지면 마을 사람들이 앞다투어 쌀을 퍼 왔다.
참기름과 흰깨, 검은깨, 김, 단무지, 김치 등도 여기저기서 모여들었다.
집에 손님이 오면 밥상에 올리려고 아껴 둔 것들까지 아낌없이 주먹밥 재료가 되었다.

시장 한복판에도 커다란 솥이 걸렸다.
시장 사람들이 너도나도 팔던 쌀과 채소들을 가져와 밥을 만들었다.
어떤 이는 음료수와 빵을 내놓았고, 어떤 이는 삶은 감자와 과일을 가져왔다.

경이는 날마다 거리로 나갔다.

병원으로, 거리로, 도청으로, 시민들이 모인 곳이면 어디든 주먹밥을 가져다 날랐다.

금남로에 모인 사람들, 시청에 남은 사람들, 병원에 줄을 선 사람들….

5월의 광주에서 시민들은 모두 한마음으로 똘똘 뭉쳤다.
주먹밥이 사람들의 손에서 손으로 전해졌다.

200여 대의 택시와 버스가 시민들 앞에서 저항 행진에 앞장섰다.
"우리 스스로 가족과 이웃을 지켜 냅시다."
차들이 경적을 울리고 라이트를 켰다.
시민들이 박수를 치며 환호했다.
대학생, 회사원, 상인, 신문배달부, 구두닦이, 남자, 여자,
할머니, 할아버지 할 것 없이 모두가 독재 저항을 외쳤다.
광주는 민주화의 물결로 가득했다.
"우리가 함께라면 할 수 있어.
독재를 무너뜨리고 민주주의를 불러올 수 있다고!"

시내버스와 택시에 올라 〈애국가〉와 〈아리랑〉, 〈우리의 소원은 통일〉을 목이 터져라 부르는 시민군에게 엄마와 아주머니들이 주먹밥을 건네며 소리쳤다.
"민주주의도 밥을 먹어야 힘을 쓰제. 이건 우리 대한민국에게 주는 밥이여!"
"이거 묵고 독재자 놈들을 싹 몰아내 부러라 잉."
주먹밥을 받아 드는 시민군의 얼굴에 활짝 웃음이 번졌다.

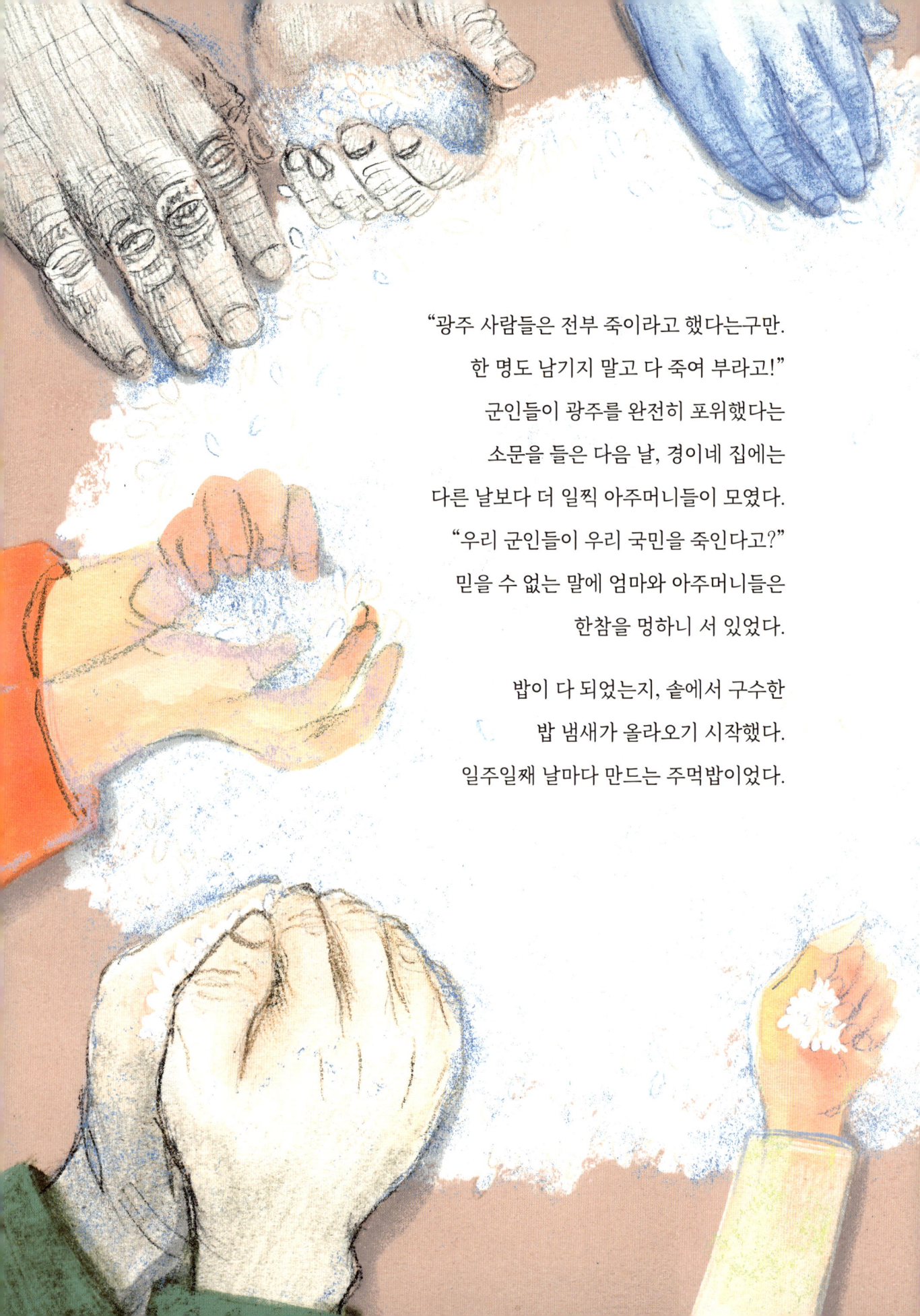

"광주 사람들은 전부 죽이라고 했다는구만.
한 명도 남기지 말고 다 죽여 부라고!"
군인들이 광주를 완전히 포위했다는
소문을 들은 다음 날, 경이네 집에는
다른 날보다 더 일찍 아주머니들이 모였다.
"우리 군인들이 우리 국민을 죽인다고?"
믿을 수 없는 말에 엄마와 아주머니들은
한참을 멍하니 서 있었다.

밥이 다 되었는지, 솥에서 구수한
밥 냄새가 올라오기 시작했다.
일주일째 날마다 만드는 주먹밥이었다.

"마지막 밥이 될지도 모르는데,
찬도 없는 주먹밥뿐이라서 어쩐다냐……."
엄마의 말에 참고 있던 울음이 흘러나왔다.
곤로 불을 끄던 아랫집 한수네 아주머니가
고개를 파묻으며 엉엉 울었다.
거리의 화약 냄새를 밀어내는 갓 지은 밥 냄새가
너무 구수해서 경이도 왈칵 눈물이 쏟아졌다.

손수레를 끌고, 함지박을 들고 진 아주머니들이 하나둘씩 도청으로 모여들었다.
경이도 수레를 밀며 도청으로 향했다.
경이는 자기가 만든 주먹밥을 고등학생 오빠에게 건넸다.
"잘 먹고 민주 국가를 만드는 데 꼭 도움이 될게."
주먹밥을 품에 넣는 고등학생의 눈에는 두려움이 고여 있었다.
"왜 지금 안 먹고. 맛없게 생겼는가?"
"내일 먹을라고. 독재자들이 물러가면 잔치 음식으로 먹을라고."
고등학생이 씩 웃었다.

아기를 등에 업은 새댁이 남편을 잡아끌었다.
"집에 갑시다. 어머니도 기다리시는디…."
남편은 아기의 볼을 어루만졌다.
"우리 아이한테는 좋은 세상을 물려줘야지.
애비가 되어 갖고 이런 세상을 물려주면 부끄럽잖여."

광주 사람들은 알고 있었다.
2만여 명의 계엄군이 최후의 공격을 위해 온다는 것을.
군인들이 자신들을 죽이기 위해 탱크를 앞세우고 오고 있다는 것을.
그럼에도 그들은 도망치지 않고 도청을 지켰다.
그들은 민주주의를 지켜야 했다.

그날 밤, 탱크가 광주를 짓밟는 소리와 헬기 사격 소리가 어둠 속의 광주를 뒤덮었다.
광주 시민을 향해 쏜 총알은 군인들이 대한민국 국민을 향해 쏜 총알이었다.
광주 시민들이 흘린 피는 대한민국 민주주의가 군인 독재자에게 살해 당해 흘린 피였다.
그날 밤, 탱크와 헬기와 총탄은 대한민국을 학살하고 있었다.

뜬눈으로 밤을 보낸 경이는 몰래 집을 나왔다.
주먹밥을 받아 들고 웃던 고등학생 오빠, 등에 업힌 아기의 얼굴,
며칠 전에 보았던 운동화가 떠올랐다.
경이는 정신없이 뛰기 시작했다.

도청이 가까워질수록 진해지는 화약 냄새, 끈적한 피 냄새로 머리가 어질어질했다.
"시민 여러분, 우리를 기억해 주세요!"
"우리를 잊지 말아 주세요!"
멀어지는 트럭 사이로, 절규하듯 소리치는 목소리가 들려왔다.

경이는 군화에 밟힌 주먹밥을 보았다.

경이는 무릎을 꿇었다.

주먹밥을 손으로 그러모아 품에 안았다.

"주먹밥이 이렇게 짓밟혀져서는 안 돼요!"

참고 있던 눈물이 와락 쏟아졌다.

이것은 이 땅의 민주주의에게 전해 주어야 할 주먹밥이었다.

1980년 광주 이야기

1980년 5월 18일부터 5월 27일까지 전라도 광주에서는
우리나라 군인들이 우리나라 국민들을 때리고 죽이는 끔찍한 일이 일어났어요.
지울 수 없는 상처로 남은 이 사건은 왜, 어떻게 시작된 걸까요?

서울의 봄(1979. 10. 26. ~ 1980. 5. 17.)

1979년 10월 26일, 군사 쿠데타로 시작된 박정희 군사 독재 정치가 18년 만에 끝이 났어요.
민주주의가 다시 뿌리 내릴 거라는 믿음과 희망으로 국민들의 가슴은 뜨겁게 달아올랐어요.
전두환을 중심으로 신군부가 또다시 군사 정권을 세우려고 하자,
시민들은 민주화, 군부 독재 반대를 외치며 대규모 시위를 벌였어요.
시민 저항 운동은 점점 확대되어 5월 15일 서울역 앞에서는
10만여 명의 학생들이 시위를 벌였어요.
지방도시 곳곳에서도 시위가 이어지고 있었죠.
국회는 헌법 개정안을 만들었어요.
여기에는 군사 정권이 남긴 유신 헌법을 없애고,
국민들이 직접 투표로 대통령을 뽑는 내용 등이 담겨 있었어요.
국민과 국회가 한마음으로 민주화를 향해 나아가던 이때를
사람들은 '서울의 봄'이라고 불렀어요.

5·17 비상계엄

1980년 5월 17일 24시, 신군부는 전국에 비상계엄을 내렸어요.
비상계엄은 전쟁과 같은 비상사태를 맞았을 때 국민을 보호하는 제도예요.
이때 계엄사령관은 군사력과 행정, 사법을 모두 관리하는 권한을 가져요.
군인들을 동원해 국민들을 보호하고 사회 질서를 유지하기 위해서지요.
그런데 5·17 비상계엄은 국민 보호와는 거리가 멀었어요.

신군부는 국민들을 통제하고 시위를 막아 군부 정권을 세울 욕심뿐이었죠.
비상계엄으로 모든 정치 활동이 중단되고
모든 시위와 집회가 금지되었어요. 대학에는 휴교령이 내려졌어요.
민주화를 요구하는 유명 인사와 학생들은 체포되었고,
국회는 군인들에게 점령당했어요.

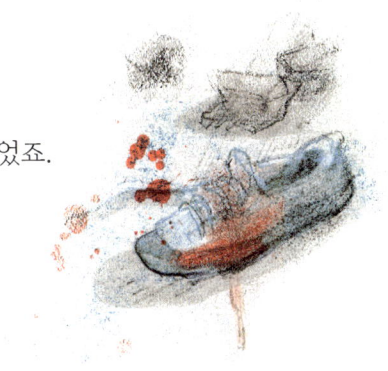

5·18 민주화 운동(1980. 5. 18. ~ 1980. 5. 27.)

1980년 5월 18일 새벽, 무장한 군인들이 지프차를 타고 전국의 대학으로 향했어요.
휴교령을 핑계로 학생들의 집회와 시위를 막으려는 속셈이었죠.
광주 전남대 앞에서 첫 번째 충돌이 일어났어요.
군인들은 학생들에게 진압봉을 휘둘렀고, 폭력에 항의하는 시민들을 마구 잡아들였어요.
이해할 수 없는 폭력에 직장인, 자영업자, 노인과 아이들까지 거리로 나와 항의하기 시작했어요.
그러자 군인들은 시민들에게 총을 쏘았어요.
도망치는 사람들, 부상자를 돕는 사람들에게도 조준 사격을 했어요.
광주로 향하는 모든 길이 막히고, 신문도, TV도, 전화도 끊겼어요.
신군부는 언론을 장악해 광주에서 북파 간첩이 폭동을 일으켰다고 보도했어요.
새빨간 거짓말이었지만, 인터넷도 없던 그때 밖에서는 광주 안의 상황을 알 수 없었어요.

고립된 광주에서 시민들은 스스로를 지키기 위해 똘똘 뭉쳤어요.
대형트럭과 버스, 200여 대의 택시가 경적을 울리며
계엄군의 바리게이트를 뚫고 도청으로 향했고,
무장한 시민군은 거리 곳곳을 돌며 시민 보호와 질서 유지에 앞장섰어요.
부상자 치료를 위해 너도 나도 헌혈에 나섰고,
시장과 골목길 곳곳에는 주먹밥을 만드는 커다란 솥이 걸렸어요.
사람들은 시민군과 시위대, 미처 밥을 먹지 못한 군인들에게까지 주먹밥을 나누어 주었죠.
주먹밥은 광주공동체의 상징이 되었어요.

시민들은 평화적인 협상을 원했지만,
계엄군은 5월 27일 새벽,
탱크와 헬기를 동원해 폭격을 퍼부었어요.
시민군 지휘부가 있던 도청은 점령되었고,
살아남은 시민군들은 계엄군에게 끌려가
모진 고문을 받아야 했죠.

마침내 드러난 광주의 진실

5·18 민주화 운동은 사망자 163명, 부상자 3139명,
후유증으로 죽음에 이른 사람 376명, 실종자 65명,
구속되거나 고문당한 피해자가 1589명에 이르는 현대사에 있어 가장 가슴 아픈 역사예요.
시민을 향해 발포 명령을 내린 전두환 정부는
5·18을 북한의 사주를 받은 '광주 폭동', '광주 사태'라고 부르며 진실을 감췄고,
역사를 왜곡하며 끝까지 잘못을 인정하지 않았어요.
하지만 수많은 사람들의 노력과 헌신으로
1995년 '5·18 민주화 운동 등에 관한 특별법'이 만들어지면서
이날의 진실이 사람들 앞에 모습을 드러내기 시작했어요.
1996년에는 검찰의 수사가 이루어졌고,
1997년에는 대법원에서 진압 관련자들에 대한 처벌이 내려졌어요.
대법원 판결문은 5·18 민주화 운동이
'피고인(신군부)의 헌법을 어지럽히는 행위에 항의해,
광주 시민들이 주권을 가진 대한민국 국민으로서 힘을 합쳐 대항한 것'이라고 정의했어요.
5·18 민주화 운동의 이야기는 〈꽃잎〉〈26년〉〈화려한 휴가〉〈택시운전사〉 등의
영화나 드라마로도 만들어져 많은 사람들에게 알려지고 또 기억되고 있어요.
왜곡되고 숨겨진 진실을 밝히려는 노력은 지금도 계속되고 있죠.

유네스코 세계기록유산 등재

2011년 5월, '5·18 민주화 운동 기록물'이 유네스코 인권 분야의 세계기록유산에 등재되었어요.
정식 이름은 '인권기록유산-1980년 5월 18일 군사 정권에 대항해
광주에서 일어난 민주 항쟁 관련 기록물'이랍니다.
5·18 민주화 운동은 대한민국을 넘어 전 세계가 기리는 소중한 유산이 되었어요.

"5·18 민주화 운동은 대한민국의 민주화에 중심적 역할을 수행했을 뿐만 아니라
여타 동아시아 국가에도 영향을 미쳐 냉전 구조가 종식되는 데 기여했다.
1980년대 이후 필리핀, 태국, 중국, 베트남 등지에서 여러 민주화 운동이 일어났다.
5·18 민주화 운동은 민주주의와 인권을 위한 전환점으로 널리 인정된다."
— 2011년 영국 맨체스터 제10차 IAC회의록

5·18 민주화 운동의 의의

1980년 5월, 혼란과 공포 속에서도 광주 시민들은
진정한 민주 시민의 모습을 보여 주었어요.
사람들은 질서를 지켰고 서로를 도왔으며 마지막 순간까지 대화를 위한 노력을 멈추지 않았어요.
이러한 5.18 민주화 운동의 정신은 1987년 6·10 민주 항쟁과 2016년 촛불 혁명으로 이어지며,
대한민국이 성숙한 민주 국가로 발전해 가는 디딤돌이 되었어요.

5.18 민주화 운동은 우리나라를 넘어 아시아의 민주주의 발전에도
큰 영향을 미친 자랑스러운 역사이자,
지울 수 없는 상처를 남긴 가슴 아픈 역사예요.
우리 모두는 5.18 민주화 운동의 정신을 기억해야 해요.
희생자와 유가족들의 아픔과 헌신을 잊지 않고
소중한 민주주의를 지키고 가꿔 나가야 해요.
이는 대한민국을 살아가는 민주 시민으로서
우리가 반드시 해내야 할 의무이자 책임일 거예요.

글쓴이 정란희

전라남도 무안에서 태어났어요. 초등학교 5학년 때 무안에서 겪은
5·18 민주화 운동을 항상 마음 한편에 담고 살았어요.
서울예술대학교에서 극작을, 단국대학교 대학원에서 아동문학을 전공했어요.
국제신문 신춘문예에 동화 〈우리 이모는 4학년〉이 당선되면서 본격적으로 작품 활동을 시작했어요.
그동안 쓴 책으로는 《단추 마녀의 수상한 식당》을 비롯한 단추 마녀 시리즈와
《행운 가족》,《우리 가족 비밀 캠프》,《우등생 바이러스》,《아빠는 슈퍼맨 나는 슈퍼보이》,
《슈퍼보이가 되는 법》 등이 있고, 청소년 소설로는 《엄마의 팬클럽》이 있어요.
2015년 평화인권문학상을 수상한 작가는 《나비가 된 소녀들》,《무명천 할머니》,
《하늘의 독립군 권기옥》 등의 작품을 통해 평화와 인권, 우리의 역사에 대해 이야기하고 있어요.

그린이 김주경

글을 읽으며 머릿속에 살아나는 주인공과 장면들을 그림으로 그려 내는 걸 좋아합니다.
《미술관 추격 사건》,《내 이름은 직지》,《어느 날 가족이 되었습니다》,《평양성의 막강 삼총사》,
《나는 설탕으로 만들어지지 않았다》,《콩 한 알과 송아지》,《아기 새를 품었으니》,
《책 고치는 할아버지》,《우리 집 하늘》 등에 그림을 그렸으며, 그림을 그리다 보니
어느새 이야기들이 찾아와 속닥거려 이야기도 조금씩 만들고 있습니다.
《다시 그려도 괜찮아》,《그래서 나는》,《엎드려 관찰하고 자세히 그렸어요》,
《누구게?》,《또 누굴까?》는 쓰고 그린 책입니다.

세상을 바꾼 그때 그곳으로 7
오월의 주먹밥 : 1980년 한국, 5·18 민주화 운동
글쓴이 정란희 │ 그린이 김주경   펴낸이 곽미순 │ 책임편집 윤소라 │ 디자인 이순영

펴낸곳 ㈜도서출판 한울림 │ 기획 이미혜 │ 편집 윤도경 윤소라 이은파 박미화 김주연 │ 디자인 김민서 이순영 │ 마케팅 공태훈 윤재영 │ 경영지원 김영석
출판등록 2004년 4월 12일(제2021-000317호) │ 주소 서울특별시 마포구 희우정로16길 21 │ 대표전화 02-2635-1400
팩스 02-2635-1415 │ 블로그 blog.naver.com/hanulimkids │ 페이스북 www.facebook.com/hanulimpub
인스타그램 www.instagram.com/hanulimkids
첫판 1쇄 펴낸날 2022년 5월 18일 2쇄 펴낸날 2022년 10월 13일   ISBN 979-11-6393-115-7 77810   979-11-6393-029-7(세트)

이 책은 저작권법에 따라 보호 받는 저작물이므로, 저작자와 출판사 양측의 허락 없이는 이 책의 일부 혹은 전체를 인용하거나 옮겨 실을 수 없습니다.
* 한울림어린이는 ㈜도서출판 한울림의 어린이 책 브랜드입니다.
* 잘못된 책은 바꾸어 드립니다.
* 이 작품은 한국문화예술위원회의 지원을 받아 예버덩문학의집에서 창작하였습니다.

어린이제품안전특별법에 의한 제품 표시 제조국 대한민국 사용연령 8세 이상